Eckard Wulfmeyer

Dünger aus Abfällen selber machen
Für Beet und Balkon - Kostenlos und Klimaneutral

AF220103

Autor Eckard Wulfmeyer mit seinen Hunden Brenda und Elin

FSC
www.fsc.org
MIX
Papier aus ver-
antwortungsvollen
Quellen
Paper from
responsible sources
FSC® C105338

Eckard Wulfmeyer

Dünger aus Abfällen selber machen

Für Beet und Balkon - Kostenlos und Klimaneutral

© 2022 Eckard Wulfmeyer

Eckard Wulfmeyer
Große Dammstraße 2
21772 Stinstedt

www.wurmstube.de

Alle Fotos, wenn nicht anders gekennzeichnet, von: Eckard
Wulfmeyer

Herstellung und Verlag: BoD – Books on Demand, Norderstedt
ISBN: 9783756833306

Wie ich dazu kam

Es war im April 2020. Es herrschte der erste Lockdown der Corona-Pandemie. Die Maßnahmen der Pandemie besagten, dass ich nicht mehr arbeiten durfte. Ich bin Mentalcoach für Hundehalter und habe vielen Menschen mit Hypnose geholfen, Dinge in ihrem Alltag zu verändern. Die Vorschriften des Lockdown besagten, dass ich zwar mit jemand anderem und seinem Hund einen Spaziergang machen durfte, aber während des Spazierganges durfte ich der Person nicht durch Hypnose oder einfache Gespräche über Hunde weiterhelfen. Also ja, ich war einer der Betroffenen der vielen sich widersprechenden Vorschriften zur Bekämpfung der Corona-Pandemie. Jedoch bin ich niemand, der jammert, sondern jemand, der nach Möglichkeiten sucht, etwas zu tun, etwas zu machen. Und so sah ich diesen Lockdown ab dem April 2020, der für mich in den folgenden 16 Monaten praktisch Berufsverbot bedeutete, eben auch als eine Chance, mal etwas Neues zu probieren, etwas Neues zu machen. Aber was kann man schon groß in einem Lockdown machen? Am meisten haben die Online-Shops geboomt. Aber was sollte ich verkaufen? Was sollte ich in einem Onlineshop anbieten? Die Gedanken wanderten hin und her, vor und zurück. Ich suchte nach etwas, was ich verkaufen konnte, ohne jedoch wer weiß wie viel Geld investieren zu müssen. Zudem sollte es dem Menschen nicht einfach dem blanken Konsum dienen, sondern es sollte einen positiven Nutzen für die Allgemeinheit haben. Ganz schön viele Wünsche auf einmal.

Ich suchte in diesen Tagen immer wieder nach passenden Produkten. Und es dauerte eine gewisse Zeit, bis ich bemerkte, dass das Gute so nah lag: Pferdescheiße! Hier auf dem Grundstück standen vier Pferde. Sie alle waren alt, wurden nicht mehr geritten, bekamen ihr Gnadenbrot. Und alle vier taten jeden Tag das gleiche: fressen und scheißen! Und die vier ließen eine Menge Pferdeäpfel ihren Körper verlassen. Und was ist an diesem Pferdedung so besonders? Es ist ein hochwertiger Dünger, den die Pferde Tag für Tag in großen Mengen kostenlos produzieren. Dünger, der nicht industriell produziert werden musste, der von vielen als Abfall gesehen wurde, der hochwertig, biologisch, klimaneutral und ungiftig ist. Ich begann, quasi learning by doing, herauszufinden, wie man die Hinterlassenschaften der Pferde am effektivsten trocknen konnte. Ohne Einsatz fossiler Energieträger. Ich testete verschiedene Möglichkeiten, den getrockneten Pferdedung zu häckseln. Dazu modifizierte ich verschiedene Häcksler, die ich gebraucht erworben habe. Manche habe ich dabei geschrottet. Am Ende war ich soweit, einen Kubikmeter getrockneten Pferdedung in kurzer Zeit häckseln zu können, sodass ich ihn einfach nur noch in Kartons verpacken brauchte, um ihn an Gärtner in ganz Deutschland zu verschicken. Mittlerweile sogar in ganz Europa. Mein Interesse an natürlichen, ursprünglichen Düngern war geweckt.

Während des Lockdowns sah ich eine Folge der Krankenhausserie "Emergency Room". Diese Serie handelt von Ärzten und Krankenschwestern in einer Notaufnahme. Und in dieser einen Folge kam eine Patientin in die Notaufnahme, der es sehr wichtig war, dass ein großer Behälter geschützt wurde. In diesem Behälter waren abertausende von Regenwürmern. Die Frau züchtete die Regenwürmer und bestritt mit dem Verkauf ihren Lebensunterhalt. Regenwürmer? Die fressen doch am liebsten Pferdedung! Und von dem habe ich genug. So begann ich mit der Regenwurmzucht, Eckards

10

Wurmstube (www.wurmstube.de) war geboren. Ich begann mit verschiedenen Wurmkisten zu experimentieren. Zum Teil gekauft, die meisten selbst gebaut aus Dingen, die andere Menschen auf den Müll geschmissen haben. Diese Regenwurmzuchten wurden mit der Zeit immer größer, ausgeklügelter und effektiver. Mittlerweile sind einige in sogenannten IBC-Container, diese sind einen Kubikmeter groß und beherbergen bei mir rund 250 000 bis 300 000 Regenwürmer. Und diese Regenwürmer fressen Tag für Tag Pferdedung und die Hinterlassenschaften der Kuh Emily. Und diese Hinterlassenschaften sind der beste Dünger der Welt: Wurmhumus! Die Kraft, die Wurmhumus den Pflanzen gibt, ist unübertroffen.

Ich lernte mehr und mehr, was die Würmer gerne fressen, und ich verstand immer mehr die Zusammenhänge, damit die Regenwürmer optimalen Wurmhumus produzieren konnten.

Auf diesem Grundstück beherbergt meine Lebensgefährtin 30 Huskys für den Schlittenhundesport (www.huskyerlebnistouren.de). Diese 30 Huskys fressen in einem Jahr rund 4000 kg Futter. Entsprechend groß ist der Haufen an Haufen, den die Hunde hinterlassen. Was kann man mit diesem Hinterlassenschaften machen? Regenwurmfutter und am Ende Dünger. Denn diese Hinterlassenschaften der Hunde verwerten Regenwürmer zu hochwertigem Wurmhumus. Aktuell arbeite ich daran, die Effektivität dieser Transformation zu erhöhen. Dazu sind hunderttausende von Regenwürmern notwendig.

Die Begeisterung für die Herstellung natürlicher und ursprünglicher Dünger mit möglichst keinem CO2 Ausstoß war entfacht. Ich begann, nach weiteren Möglichkeiten zu suchen. Das Ergebnis dieser Suche habe ich in diesem kleinen Büchlein zusammengefasst.

Selbst produzierter Dünger steigert das gute Gefühl beim Verzehr von eigenem Obst und Gemüse, die Freude an der eigenen Blumenpracht. Man weiß von A - Z was drin ist: Natur pur!

Es lohnt sich, Dünger selber zu machen: Man bekommt einen Naturdünger, dessen bodenverbessernde Eigenschaften unschlagbar sind. Die Naturdünger sind nachhaltig, rein biologisch und nach entsprechender Verdünnung mit Wasser sind Verbrennungen wie bei mineralischen Düngern und Konzentraten nicht zu befürchten. Zudem kann man die meisten kostenlos und klimafreundlich mit geringem Aufwand selbst herstellen. Somit sind sie ein nicht zu unterschätzender Faktor für unser aller Zukunft. Und spart viel Geld.

Wann müssen sie düngen?

Eigentlich immer. In den Zeiten, in denen der Nährstoffbedarf aufgrund der Wachstumsphase der Pflanzen groß ist, muss mehr gedüngt werden, als außerhalb dieser Zeiten. Wenn zu wenig gedüngt wird, kommt es zu einem Nährstoffmangel und die Pflanzen zeigen es an.

Die Symptome für den Nährstoffmangel bei Pflanzen sind zahlreich. Einige typische Symptome habe ich hier aufgezählt, doch die Liste lässt sich bestimmt noch durch das ein oder andere Symptom ergänzen.

- Hellgrüne, blasse Blattfarbe, wenig Wachstum: Stickstoffmangel
- Braune Blattränder: Kaliummangel
- Grüne Blattadern, ansonsten vergilbte Blätter: Magnesiummangel
- Rötlich verfärbte Blätter: Phosphormangel
- Kleine Blüten oder wenig Blüten: Phosphormangel

Diese Symptome mit dem entsprechenden Mangel sind nur ein Hinweis. Es können unter Umständen auch ganz andere Mangelerscheinungen die Ursache für diese Symptome sein.

Fallen ihnen solche Symptome auf, dann leisten sie ihren Pflanzen mit dem richtigen Dünger erste Hilfe.

Pflanzen benötigen zum Wachsen neben Wasser und Licht ständig Nährstoffe. Vor allem ausreichend Stickstoff, Phosphor und Kalium, die sogenannte NPK-Düngeformel. Stickstoff sorgt für kräftige, grüne Blätter, Phosphor ist wichtig zur Ausbildung von Blüten und Früchten, während Kalium für die Zellteilung in den Wurzeln notwendig ist.

Pferdedung: Der Allrounder für den Garten.

Pferdedung ist der Allrounder unter den Düngern im Garten. Er ist reich an Stickstoff, Phosphor und Kalium. Damit ist er ein sogenannter NPK-Dünger. Er ist einfach aufzubringen, einfach in den Boden einarbeiten oder in die Pflanzlöcher hineingeben und er lockt Regenwürmer an, den Regenwürmer lieben Pferdedung. Der optimale Pferdedung für den Garten ist leider nicht so einfach von außen zu erkennen. Auch nicht anhand des bunten Etiketts auf der Verpackung. Man muss dazu schon etwas hinter die Kulissen schauen, um guten Pferdedung für den Garten zu erkennen. Hier eine Auswahl der wichtigsten Merkmale:

- Der ausgewählte Pferdedung stammt nicht von Pferden, die kurz zuvor eine Wurmkur erhalten haben. Selbst bei getrockneten oder gepressten Pferdedung kann die verabreichte Wurmkur zu Schädigungen der Mikroorganismen und Lebewesen in den Beeten führen.
- Die Pferde werden nur mit Heu-Silage gefüttert. Alle anderen Zutaten können zum Eintrag von ungewünschten Samen in die Beete führen.
- Das Gewicht oder das Volumen des gebrauchsfertigen Pferdedung als Dünger sagen nichts über die Qualität aus.
- Die Pferderasse sagt ebenfalls nichts über die Qualität aus. Nur die Haltung und die Fütterung sind Qualitätsbestimmend für den Pferdedung.

Manche Hersteller von Pferdedung geben die verkaufte Menge in Kilogramm, andere in Liter an. Für den Verbraucher ist es dadurch schwer, die Angebote zu vergleichen. Man könnte hingehen und sagen: Ein Liter ist X Kilogramm oder ein Kilogramm ergeben X Liter. Doch leider funktioniert das in

14

der Realität nicht. Der für das Gewicht des Pferdedungs entscheidende Faktor ist die Feuchtigkeit. Je höher der Wasseranteil im Pferdedung, desto schwerer ist er. Ähnlich verhält es sich mit dem Volumen. Habe ich gepressten Pferdedung, oder lose? Schon variiert das Gewicht, aber auch die tatsächliche Menge des verwendbaren Pferdedung. Bei Pellets ist es nicht viel anders. Hier liegt der Pferdedung zwar in einer gepressten Form vor, aber zwischen den Pellets ist eben auch noch eine nicht zu vernachlässigende Menge Luft. Deswegen ist unter dem Strich das Volumen von Pferdedung in Pelletform nicht unbedingt größer als das Volumen von losem Pferdedung.

Frisch oder gut abgelagert?

Ob der Pferdedung frisch oder gut abgelagert verwendet werden soll, beschäftigt immer wieder die ökologischen Gärtner. Dabei kommt es auf einen anderen Faktor an: wie trocken ist der Pferdedung? Gut durchgetrockneter Pferdedung kann sowohl frisch als auch jahrelang abgelagert verwendet werden.

Pferdedung für den eigenen Garten selbst herstellen.

Genau genommen muss man gar nicht so viel selber herstellen, das meiste machen tatsächlich die Pferde. Pferdedung bekommt man bei den meisten Pferdehöfen kostenlos. Einfach mal fragen, wenn sie an einem Pferdehof vorbeikommen. Dieser hochwertige

Rohstoff ist für die Pferdehöfe ein Kostenfaktor, da sie ihn ansonsten teuer entsorgen müssen. Die meisten Pferdehöfe sind froh, wenn sie Gärtner als Abnehmer haben.

Der Pferdedung muss nicht zwingend getrocknet werden. Er kann auch frisch eingebracht werden an sogenannte Starkzehrer wie Tomaten, Gurken, Hanf und so weiter. Sollte Pferdedung als Dünger für Schwachzehrer genutzt werden, dann sollte man ihn unbedingt vor der Verwendung trocknen. Zum Beispiel auf einer Plane in der Sonne. Bei anstehenden Regen darauf achten, dass er abgedeckt wird. Schneller trocknet er natürlich, wenn man ihn vorher zerkleinert. Man kann ihn natürlich auch in Netzen an der Luft trocknen, ähnlich wie Kräuter. Auch in diesem Falle gilt: zerkleinert trocknet der Dung schneller. Sobald er trocken ist, kann er als Dünger ausgebracht werden. Die Trocknungszeit hängt von den Gegebenheiten in der Umgebung ab, wie Temperatur, Luftfeuchtigkeit und Wind. Daher kann ich hier keine konkreten Angaben dazu machen. Im trockenen Sommer 2022 war der Pferdedung an der frischen Luft nach 3 Tagen getrocknet und bereit zum Ausbringen.

Tierhaare: Tierisch effektiv

Schafwolle

Jedes Jahr lässt meine Lebensgefährtin ihre 10 Schafe scheren. Die Schafwolle liegt dann hier rum und jedes Mal stellt sich aufs Neue die Frage: Was machen wir mit der

Schafwolle? Meine Mutter, Tochter eines Schäfers und mittlerweile über 80 Jahre, nimmt immer gerne etwas Wolle der Schafe, reinigt diese, spinnt sie zu einem Faden und strickt daraus wohlig wärmende Socken für den Winter.

Vor Jahrzehnten war Schafwolle ein begehrter und gut bezahlter Rohstoff. Ähnlich wie Baumwolle wurden daraus alle möglichen Kleidungsstücke hergestellt. Doch mit der Produktion von synthetischen Fasern nahm die Bedeutung der Wolle mehr und mehr ab. Heute weiß so mancher Schäfer nach der Schur seiner Schafe nicht wohin mit der Wolle. Wenn es nicht gerade ganz besondere Wolle ist, ist die Nachfrage sehr niedrig und so die Preise gering. Manchmal lässt sich ein Schäfer gerne auf ein Tauschgeschäft ein: Frisches Gemüse aus dem Garten gegen Schafwolle.

Was die Schafwolle so besonders macht:
Schafwolle ist reich an Keratin und kann im Garten als organischer Langzeitdünger eingesetzt werden. Dazu wird reine Schafwolle zerrupft und mit ins Pflanzloch gegeben. Bei etablierten Pflanzen wird die Schafwolle direkt um die Pflanzen herum verteilt, mit Erde.

Schafwolle ist ein hervorragender Wasserspeicher. In dieser Eigenschaft steht Schafwolle an der Spitze aller Dünger. Ein nicht zu verachtender Faktor bei denen zukünftig zu erwartenden Dürreperioden in der Wachstumsphase der Pflanzen. Schafwolle zersetzt sich nur langsam und gibt erst nach und nach seine Wirkstoffe für die Pflanzen frei, was sie zu einem Langzeitdünger macht. Dadurch ist eine Überdüngung nicht möglich.

Hundehaare

Am Anfang des Buches erzählte ich schon kurz von meiner Lebensgefährtin und ihren 30 Huskys, mit denen sie Gästetouren und Wettbewerbe fährt. Des weiteren leben noch fünf Haushunde mit uns zusammen. Bei den Huskys handelt es sich um Alaskan Huskys, die zwar ein sehr dichtes, aber kurzes Fell haben. Doch bei den Haushunden sind Spitz, Islandhund und andere langhaarige Mischungen vertreten. Diese Hunde haben zweimal im Jahr ihren Fellwechsel und man findet in allen Ecken des Hauses die sogenannten Wollmäuse. Man kann diese Wollmäuse wegschmeißen, über den Hausmüll entsorgen, oder man nutzt sie als Dünger. Ja, das geht tatsächlich und funktioniert genauso wie mit der Schafwolle. Die Effektivität der Hundehaare als Dünger steht der Schafwolle kaum nach. Doch sie ist eben nicht in solchen Mengen wie Schafwolle verfügbar. Doch für den Balkongärtner und den Kleingärtner dürften diese Mengen durchaus ausreichen, um zumindest einen Teil der Pflanzen damit zu düngen. Die Vorgehensweise ist dabei die gleiche wie bei der Schafwolle.

Ich vermute, dass es mit den Haaren aus dem Fell anderer Tierarten sich zumindest ähnlich verhalten wird, wie bei der Schafwolle und den Hundehaaren. Also einfach mal ausprobieren und sich an dem Ergebnis erfreuen.

Wurmhumus: Auf der ganzen Welt bekannt

Viele Grünabfälle aus unseren Gärten wandern direkt in den Müll. Doch dazu sind sie viel zu schade, denn es sind hochwertige Rohstoffe und exzellentes Futter für Regenwürmer, die daraus Wurmhumus produzieren: Des Gärtners Gold. Für den Kompost bestens geeignet sind klein geschnittene Sträucher, Küchenabfälle und Laub. Rasenschnitt gehört ebenfalls dazu, aber nur in dünnen Schichten. Die Regenwürmer und andere Kleinstlebewesen fressen diese Grünabfälle und verwandeln ihn auf magische Weise in Wurmhumus. Na ja, ganz so magisch ist es nicht. Letztendlich sind es auch nur Ausscheidungen der Würmer und der anderen Bodenlebewesen.

Wer nicht über die Gegebenheiten zur Aufstellung eines Kompost verfügt, für den ist im nächsten Kapitel der Aufbau einer kleinen Wurmkiste beschrieben. Diese Wurmkisten können selbst Balkon- und Wohnungsgärtner aufstellen.

Beim Kompost muss man auf eine gute Belüftung achten, da sonst der Schimmel schnell Einzug hält und der Kompost dann nicht mehr zu gebrauchen ist. Für eine gute Belüftung sorgen Regenwürmer, wenn sie in ausreichender Zahl vorhanden sind. Sind nicht genug Regenwürmer in ihrem Kompost, können sie welche sammeln oder von Wurmzüchtern erwerben.

Wenn man nicht genug Regenwürmer in seinem Kompost hat, wird der Kompost nach drei Monaten umgeschichtet. Er verliert in seiner gesamten Zeit an Volumen, aber nicht an Nährstoffen für die Pflanzen. Durch das

Umschichten erhält das Material neuen Sauerstoff und das Volumen verringert sich weiter. Sechs Monate später ist der Kompost einsatzbereit. Er hat nun eine dunkle Farbe und duftet nach Waldboden.

Einen Kompost aufzubauen ist eine einfache Arbeit. Sie erfordert noch nicht mal besonderes handwerkliches Geschick. Es würde sogar schon reichen, einfach die Grünabfälle aus dem Garten an ein und demselben Ort aufzuschichten.

Aus alten Brettern kann man einen Kompost basteln, den man höher aufstocken kann. Drahtgeflechte, sogar sogenannter Schafdraht oder Wildzaun mit ein paar Stöcken oder alten Zaunpfählen können dazu dienen, einen Kompost höher aufzuschichten. Alte Blechplatten können eine Umrandung für einen Kompost darstellen, wie auch andere Platten, die man vielleicht noch irgendwo herumliegen hat und auf einen Verwendungszweck warten. Manchmal findet man solche kleinen Schätze auch in der Nachbarschaft.

Natürlich kann man auch fertige Komposter kaufen, meistens sind sie aus Plastik, und es gibt sie in einer gefühlten unendlichen Auswahl an Varianten. Doch haben diese gekauften Komposter alle etwas gemeinsam, das dem Augenmerk dieses Buches widerspricht: Sie sind teurer als ein selbstgebauter, und alles andere als klimaneutral hergestellt. Allein schon der Transport über Tausende von Kilometern sorgt dafür, dass diese Komposter es in ihrer Lebenszeit nicht mehr schaffen, dies zu kompensieren.

Achtung: In Zusammenhang mit Regenwürmern sollten sie auf sogenannte Drehkomposter verzichten. Diese schaden

den Würmern. Thermokomposter können eine für Regenwürmer schädliche Hitze im Innern erreichen. Beide Komposter kompostieren sicherlich gut die hinzugefügten Gartenabfälle, aber exzellenter Wurmhumus wird aus ihnen nicht. Aber dieser Kompost ist qualitativ und ökologisch immer noch besser, als Blumenerde oder Dünger zu kaufen.

Nicht auf den Kompost und die Wurmkiste gehören: Gekochte Speisen wie Fleisch oder Gemüse, gebratenes Fett, Brot oder Glas. All das ist für den Kompost und die Wurmkiste tabu!

Wurmkiste: Wurmhumus einfach gewinnen

Die Wurmkiste im Haus klingt etwas gewöhnungsbedürftig, ist aber ein toller kleiner Bio-Dünger-Hof, der kostenlos ökologischen Dünger auf kleinstem Raum produziert. Es ist insbesondere für Kinder eine lehrreiche und spannende Sache. Meine erste Wurmkiste war ein ausgedientes Aquarium. Die dazu notwendige Erde entnahm ich einem nahegelegenen Park. Die Regenwürmer sammelte ich aus einigen Beeten um die Kirche herum. So funktioniert es:

Nehmen sie einen beliebigen Behälter. Form und Farbe spielen keine Rolle, er sollte lediglich mindestens 10 Liter fassen, darunter lohnt es sich nicht. Und er sollte einen Deckel haben, denn die Würmer lieben es dunkel und ein Deckel hindert sie an der Flucht. In diesem Deckel bohren sie in der Mitte ein paar kleine Löcher, damit die Luft zirkulieren kann. Füllen sie in diesen Behälter ungefähr 5 bis 7 cm Mutterboden ein. Wenn sie keinen Mutterboden griffbereit haben, nehmen sie alternativ Blumenerde, die mit Wurmfutter vermischt wurde, zum Beispiel Lecker Wurmfutter von www.wurmstube.de. (Achtung: Produktplatzierung von meinem Shop. :-)) Suchen sie im Garten ein paar Regenwürmer und legen sie diese auf den Mutterboden. Schnell werden sie sich in den Boden eingraben.

Regenwürmer finden ist im Allgemeinen recht einfach. Schauen sie unter Gegenständen nach, die auf dem Boden stehen oder liegen. Dort verkriechen sie sich tagsüber, denn Regenwürmer sind lichtempfindlich. Wenn sie keine Möglichkeit haben, an Regenwürmer zu gelangen, suchen sie im Internet nach Shops für "Kompostwürmer".

Schon ist eine einfache Wurmkiste eingerichtet und von nun an kann es losgehen mit der ökologischen, klimaneutralen Düngerproduktion.

Die Würmer werden mit Küchenabfällen gefüttert. Die Akzeptanz des Futters wird erheblich gesteigert, wenn die Küchenabfälle möglichst klein gehäckselt werden. Die Regenwürmer lieben eine breiartige Konsistenz des Futters. Sie baden förmlich darin. Sie haben keine Zähne, können somit nichts abreißen oder abfressen, lediglich etwas ablutschen.

Damit der Lebensraum der Würmer nicht zu sauer wird, denn das mögen sie nicht, können sie zwischendurch immer wieder mal Schichten von Papier legen. Auch Kartons können sie an die Würmer verfüttern, genauso wie feines Sägemehl. Pappe, Papier und Sägemehl verhindern eine Übersäuerung des

Lebensraums der Würmer in diesem Behälter. Selbst Zeitungen fressen die Würmer rückstandslos auf. Doch ob jeder die Druckfarben in seinem Garten haben möchte, liegt in der Eigenverantwortung eines jeden Gärtners selbst.

Nicht zu den Küchenabfällen für die Wurmkiste gehören: Gekochte Speisen wie Fleisch oder Gemüse, gebratenes Fett oder Brot. All das ist für die Wurmkiste tabu!

Diese einfache Wurmkiste wird sich nun im Laufe der Zeit immer weiter füllen. Die Würmer werden nicht nur die Küchenabfälle zu einem exzellenten Dünger verarbeiten, sondern sie werden sich auch vermehren. Dazu legen sie stecknadelkopfgroße, beige Kokons in den Boden. Aus diesem schlüpfen nach einiger Zeit fünf bis sieben kleine Regenwürmer, die schnell wachsen und gedeihen. So werden die Regenwürmer in der Wurmkiste nach und nach immer mehr. Und immer mehr Würmer fressen immer mehr Küchenabfälle und produzieren immer mehr Wurmhumus und der Behälter wird immer voller. Irgendwann ist der Behälter fast voll. Nun ist der Zeitpunkt gekommen, die Würmer abzuschöpfen und Wurmhumus zu ernten.

Würmer sind sogenannte Top-Feeder, das heißt, sie fressen alles, was sich in den obersten Zentimetern des Substrates befindet. Dies können sie sich zunutze machen, wenn sie die Würmer umsiedeln möchten. Lassen sie den Behälter eine Woche lang verschlossen und geben kein Futter hinzu. Nach einer Woche geben sie den Würmern Futter, welches sie sehr sehr gerne fressen. z.B. frischen Kuhdung, frischen Pferdedung oder eine zu Brei verarbeitete Bananenschale. Am nächsten Tag können sie die oberste Hälfte des Behälters vorsichtig von Hand abtragen und in einen neuen

Behälter setzen, der zur neuen Wurmkiste wird, oder in einen anderen Behälter, wenn die bisherige Wurmkiste in der Form weiterverwendet werden soll. Mit dieser Methode werden sie 80 bis 90% der in der Wurmkiste lebenden Würmer umquartieren können.

Die untere Hälfte des Inhaltes der Wurmkiste sollte nun nach frischen Waldboden riechen. Es ist ein Wurmhumus, der sofort verwendet werden kann.

Die abgetragene obere Hälfte kommt nun zurück in die Wurmkiste und die Würmer werden wieder ganz normal gefüttert, um weiterhin fantastischen Dünger zu produzieren. Wenn man nun eine weitere Wurmkiste starten möchte, kann man diese Hälfte aufteilen und auf dem Boden der jeweiligen Wurmkisten legen, um vom neuen die Wurmhumus Produktion zu starten.

Meine erste Wurmkiste: Eine ausgediente Plastikbox mit
Deckel, 60 x 40 x 20 cm, vom Sperrmüll
In den Deckel wurden einige Löcher gebohrt für die
Luftzirkulation

Möchte man sich das Prozedere mit dem Umschichten der Würmer sparen, so kann man einen halbautomatischen Wurmhumus-Ernter bauen. Das klingt jetzt komplizierter, als es tatsächlich ist. Man nimmt dazu drei Behälter, die man ineinander stapeln kann. Behälter 1 kommt nach unten. In den Boden von Behälter 2 und 3 werden nun viele Löcher gebohrt, am besten mit einem Durchmesser von 2 cm. Die Böden von Behälter 2 und 3 dürfen gerne einen siebähnlichen Charakter haben. Nun wird Behälter 2 in Behälter 1 gestapelt, und zwar so, dass zwischen den beiden Behältern noch ein paar Zentimeter Platz ist. Nun wird, wie bereits oben beschrieben, in Behälter 2 der Mutterboden mit Würmern gelegt und dort die

Würmer wie oben beschrieben gefüttert. Wenn Behälter 2 zu 50 bis 60% gefüllt ist, stellt man Behälter 3 in Behälter 2. Nun wird im Behälter 3 gefüttert. Die Würmer wandern nach und nach von Behälter 2 in Behälter 3. Wenn Behälter 3 zu 50 bis 60% gefüllt ist, nimmt man ihn heraus, nimmt auch Behälter 2 heraus, und stellt Behälter 3 in Behälter 1. In Behälter 2 sollte nun fertiger Wurmhumus sein und nur noch sehr wenige Würmer. Diesen Wurmhumus kann man sofort verwenden und stellt Behälter 2 in Behälter 3. Nun wird wieder in Behälter 2 gefüttert, sodass die Würmer wie zuvor in den oberen Behälter wandern. Und wozu dient Behälter 1? In den oberen beiden sind jeweils Löcher im Boden, es können Würmer und Substrat und auch Feuchtigkeit austreten. Diese werden von Behälter 1 aufgefangen.

Zu diesem halbautomatischen Wurmhumus-Ernter findet man schöne Videos im Internet. Suchbegriff: "Wurmkiste selber bauen".

Selbstverständlich gibt es die Möglichkeit, fertige Wurmkisten zu kaufen. Die Modelle am Markt sind zahlreich und für jeden Zweck gibt es das passende, fertige Modell. Von klein, rund, stylisch, unauffällig bis hin zu einer Sitzbank mit integrierter Wurmkiste für die Küche. Von robust und groß, für die Aufstellung im Garten und Keller geeignet, bis klein, fein, isoliert, für den kleinen Balkon.

Noch ein paar Worte zu den Würmern. Sie sind robust, anspruchslos und sehr einfach zu halten. Und dennoch sind sie Lebewesen, das sollten sie nicht vergessen. Deswegen darf man auch die Würmer in der Wurmkiste nicht vergessen. Der

Aufwand, Würmer zu halten, ist sehr gering, aber auch diese weniger Arbeit muss von jemandem geleistet werden.

Was ist zu tun?

Die Würmer müssen gefüttert werden. In welchem Intervall ist abhängig von der Menge an Futter, das zur Verfügung gestellt wird. Ich gebe meinen Würmern soviel, dass sie eine Woche lang genug zu fressen haben. So muss ich nicht jeden Tag nachschauen, sondern habe einen festen Tag in der Woche, an dem ich mich um meine Wurmkisten im Haus kümmere. Mit meinen großen Wurm-Zuchtanlagen, die das ganze Jahr draußen stehen, handhabe ich es genauso. Einmal in der Woche werden diese mit neuem Futter bestückt.

Wieviel muss ich füttern?

Das hängt von der Anzahl der Würmer ab. Es gibt eine Faustregel: ein Wurm frisst ein Gramm pro Tag. Diese Faustregel trifft aber nur insofern zu, als dass die Würmer über 15 bis 17 Grad Celsius gehalten werden. Unterhalb dieser Temperaturen fressen sie weniger.

Optimalerweise wird zur besseren Annahme des Futters das Futter stark zerkleinert. Z.b. in einem Küchenhäcksler. Das Futter kann dabei sehr fein oder sogar ein Brei sein. Gerade in einem leicht feuchten Brei scheinen sie regelrecht zu baden. Für mich hat es immer den Anschein, als würden die Würmer eine Schlammpackung nehmen.

Ein frisch gelegter Kokon eines Regenwurm in einer Wurmkiste

Regenwürmer, die in frischem Kuhdung eine Orgie feiern.

Temperaturen

Die optimale Haltungs-Temperatur ist zwischen 17 und 25 Grad. Das ist auch die Temperatur, bei der sie sich am besten vermehren und am meisten fressen. Alles darüber oder darunter schränkt die Vermehrung und auch die verwertete Menge an Futter ein.Wenn sie ihre Wurmkiste in der Wohnung aufstellen, werden sie sich um die Temperaturen keine Gedanken machen müssen.

Wenn sie Ihre Wurmkiste außerhalb der Wohnung aufstellen, also Outdoor, so gibt es ein paar Dinge zu beachten. Grundsätzlich sind Würmer gegenüber tiefen Temperaturen unempfindlich. Bis 0 Grad ist für sie gar kein Problem. Darunter ist der Frost ein Problem.

Je frostiger es wird, umso mehr ziehen sie sich in die Mitte der Wurmkiste zurück. In einer sehr großen Wurmkiste können sie so auch einige Tage -10° aushalten.

Bei einer Haltung in kleineren Outdoor-Kisten müssen diese isoliert werden. Z.b. mit ausrangierten Styroporplatten. Oder man nimmt sie mit ins Haus, z.b. in den Keller, den Abstellraum oder ähnlichem.

Und wenn die Würmer aus der Wurmkiste fliehen?

Dann läuft etwas in der Wurfkiste schief. Der häufigste Grund ist zu wenig Nahrung für die Würmer. Und zwar Nahrung, die die Würmer aufnehmen können. Ich habe Wurmkisten gesehen, in denen mehrere Bananenschalen lagen. Die Würmer haben dennoch versucht, dieser Kiste zu entkommen. Sie haben Hunger geschoben. Die Bananenschalen konnten von den Würmern nicht gefressen werden. Würmer haben keine Zähne. Sie können Nahrung bestenfalls ablutschen. Daher immer für ausreichend breiförmiges Futter sorgen.

Würmer mögen keinen sauren Boden. Optimal liegt der pH-Wert zwischen 7 und 8. Bei einem pH-Wert von unter sechs fangen die Würmer an zu türmen. Der häufigste Grund, warum das Substrat für die Würmer zu sauer ist, ist die zu häufige Zugabe von Kaffeesatz. Kaffee macht den Boden sauer. Dieser Übersäuerung können sie entgegenwirken durch die Zugabe von Kalk, eingeweichte Pappe, eingeweichtes Papier oder Sägespäne.

Wurmtee: das flüssige Gold des Gärtners

Nein, da ist kein Regenwurm, der einen Beutel mit Tee in einer Tasse schwänkt. Und nochmals nein, es handelt sich bei Wurmtee auch nicht um Tee aus getrockneten Würmern.

Wurmtee ist ein Kaltwasserauszug aus Wurmhumus bzw Kompost. Es gibt verschiedene Varianten der Gewinnung.

Nehmen sie Kompost oder Wurmhumus und mischen sie diesen 1 zu 10 mit Regenwasser. Nun lässt man diesen Kaltwasserauszug 24 Stunden lang ziehen. So werden Mikroorganismen, Nährstoffe und weitere stärkende Substanzen in das Gießwasser gebracht. Anschließend kann man diesen Kaltwasserauszug wieder 1 zu 10 mit Regenwasser mischen und hat einen wunderbaren flüssigen Dünger.

30

Möchte man diesen Wurmtee noch etwas veredeln, empfiehlt sich folgende Vorgehensweise: Stellen sie wie oben beschrieben einen Kaltwasserauszug mit Kompost oder Wurmhumus her. Nun nehmen sie eine kleine Pumpe, z.b. von einem Aquarium, und legen sie die Ausströmsteine für 24 Stunden in den Kaltwasserauszug, um den Wurmtee mit Sauerstoff anreichern. Dieses Vorgehen sorgt dafür, dass sich die Mikroorganismen besser vermehren.

Alternativ können sie Melasse dem Kaltwasserauszug zugeben und mehrmals täglich umrühren. Sie können auch beide Varianten miteinander verbinden. Dann brauchen sie nicht umrühren und es wird ein Turbodünger! Dieser Turbodünger ist bei Hanfbauern sehr beliebt, denn er lässt den Hanf in der kurzen Vegetationszeit sehr stark wachsen, treibt die Blütenbildung auf ein Maximum und reichert sie mit vielen Aromen an.

Achtung: Sobald Melasse verwendet wird, entsteht ein Gärvorgang. Dieser Gärvorgang ist wichtig, da er als Futtergrundlage für die im Wurmhumus enthaltenen Mikroorganismen dient. Deswegen den abgefüllten Wurmtee mit Melasse niemals fest verschließen, es könnte sonst sein, dass der Behälter bedingt durch den Gärvorgang aufplatzt.

Wenn sie die oben beschriebene halbautomatische Wurmkiste nutzen, werden sie in dem untersten Behälter immer wieder eine schwarze Flüssigkeit finden: Wurmtee! Diese Flüssigkeit ist durchgesickerte Feuchtigkeit aus dem Wurmfutter. Diese Flüssigkeit hat sich beim Durchsickern durch den Wurmhumus mit allen wichtigen Nährstoffen des

Wurmhumus angereichert. So können sie mit der halbautomatischen Wurmkiste nicht nur exzellenten Wurmhumus ernten, sondern auch etwas Wurmtee.

Achtung: Würmer mögen es zwar feucht, aber nicht zu feucht. Wenn sie mehr als ein Glas voll Wurmtee pro Monat in der halbautomatischen Wurmkiste ernten, dann halten sie die Würmer fast schon zu feucht.

Bananenschalen: Würmer lieben sie

Bananen sind wegen ihres süßen Geschmacks vor allem bei Kindern beliebt. Und wenn ich Bananen sehe, werde ich auch gerne wieder Kind und greife zu. Was übrig bleibt, ist die Schale. Die wenigsten wissen, dass die Schale ein hochwertiger Dünger ist. Sie enthält Nährstoffe wie Phosphat, Kalium oder Magnesium. Die Verwandlung einer Bananenschale zu einem guten Dünger ist recht einfach. Einfach die Schale in kleine Stücke schneiden, oder am besten in einem Küchenhäcksler zerkleinern und direkt in die Erde einarbeiten, zum Beispiel zusammen mit Kaffeesatz oder losem Tee.

Immer wieder höre oder lese ich, dass große Bananenproduzenten viel Pestizide für den Anbau der Bananen verwenden. Diese Pestizide sollen sich in der Schale anreichern. Das klingt für mich auf den ersten Blick schlüssig. Aber andererseits habe ich noch keinen wissenschaftlichen Nachweis darüber gefunden. Kurz gefasst: es kann gut sein, dass es so ist, aber einen Beweis dafür habe ich nicht. Auf der sicheren Seite ist man definitiv, wenn man zu Bio-Bananen greift. Denn hier ist der Einsatz von Pestiziden verboten.

Erfahrene Ökogärtner haben mir folgende Dosierung empfohlen: 100 g Bananenschalen pro Pflanze. So vermeiden sie eine Überdüngung.

Kleingehackte Bananenschalen, am besten zu einem Mus zerkleinert, sind einer der absoluten Favoriten bei Regenwürmern. Meine Regenwürmer lassen für diese Delikatesse sogar frischen Pferdedung liegen. Nur frischer Kuhdung liegt bei meinen Würmern noch über den kleingehackten Bananenschalen in der Beliebtheit.

Regenwasser sammeln lohnt sich

Regenwasser ist für die Bewässerung im Garten flüssiges Gold. Mit kostbarem Trinkwasser aus der Leitung die Pflanzen in den Beeten zu wässern, wird auf Dauer teuer. Die Verwendung von Regenwasser ist klimaneutral. Während für die Gewinnung und den Transport von Leitungswasser viel Energie durch die Pumpen gebraucht wird, fällt das Regenwasser quasi vom Himmel. Es muss nur in einem Behälter aufgefangen werden. Regenwasser ist frei von Zusätzen, wie Chlor oder Fluor im Leitungswasser.

Schon die alten Griechen und Römer setzten große Zisternen ein, um den Niederschlag aufzufangen und in Trockenzeiten für Gärten und Vieh zu nutzen, aber auch zum Baden und Trinken. Regenwasser sammeln und wiederverwenden ist also nichts Neues.

*Hier wird das ablaufende Regenwasser der
Photovoltaikanlage in einem Eimer aufgefangen und als Gießwasser
genutzt. Unter diesem Eimer und dem halbmorschen Baumstamm
daneben kann man wunderbar Regenwürmer für die eigene
Wurmkiste sammeln.
Im HIntergrund ein von Regen gefüllter IBC-Container*

Die einfachste Art, Regenwasser im Garten zu sammeln, bietet ein Fass oder eine Tonne. Bei einem Balkongarten oder Urban Gardening reicht manchmal schon ein Eimer.

Der beste Standort für eine Wasserzisterne liegt direkt am Fallrohr der Regenrinne. Über einen Auslauf am Rohr plätschert das Regenwasser in die Tonne.

Ich empfehle, das Wasserreservoir abzudecken. Für die Stechmücken sind diese ein wahres Paradies. Sie eignen sich optimal für die Eiablage und bieten den Mückenlarven eine wunderbare Kinderstube. Wenn sie also nicht in die Mücken-Zucht einsteigen wollen, dann nutzen sie optimalerweise einen Deckel, ein Fliegengitter oder ein Mückennetz zum Abdecken der Wassertonne. Zum befestigen eignen sich am besten Kordeln oder Strohbänder. Von Klebebändern würde ich absehen, da diese ihre Klebewirkung bei Licht, Wind und Wetter schnell verlieren.

Je nach Art und Weise der Wassersammlung kann ein Sieb vor dem Reservoir eine sinnvolle Einrichtung sein. Man kann solche fertigen Siebe kaufen und sie in das Fallrohr integrieren. Man kann aber auch einfach ausgediente Küchensiebe nutzen oder das schon erwähnte Fliegengitter. welche Lösung angebracht ist, kommt immer auf die örtlichen Gegebenheiten an. Und natürlich auch ein Stück weit auch die handwerklichen Fähigkeiten.

Je nachdem, wo das Wasserreservoir steht, kann ein Überlauf eine praktische Einrichtung sein. Dieser Überlauf verhindert, dass die Regentonne überläuft und sich um die Tonne herum ein See bildet. Einfach am oberen Rand der

Regentonne ein Loch bohren, einen Ablaufschlauch einführen und mit etwas Dichtmasse abdichten. Schon ist der automatische Überlauf fertig.

Am besten führt der Überlauf in eine Kanalisation oder einen Teich. Man kann mit diesem Überlauf eine weitere Regentonne füllen. Diese weitere Regentonne fängt das Wasser auf, wenn die erste voll ist. Bei Bedarf kann man mehrere Regentonnen hintereinander automatisch befüllen lassen. So entsteht ein individuell angepasstes Wasserreservoir für den Garten. Viele Wasserspeicher sind zu Beginn zu klein geplant und mit dieser Aneinanderreihung kann man den Bedarf problemlos aufstocken.

Wenn man über eine große Dachfläche verfügt, wird man über kurz oder lang auch über eine große Zisterne, unterirdisch angelegt, nachdenken. Ich kann es nur empfehlen. So kann man im Herbst und Winter sehr viel Wasser auffangen und unterirdisch speichern, und dieses Wasser im Sommer wunderbar nutzen. Die kommenden Sommer werden laut den meisten Wetterprognosen immer trockener und wärmer. So kann eine Zisterne eigentlich gar nicht groß genug sein.

Bei mir auf dem Grundstück habe ich mehrere IBC Container und ausgediente Badewannen als Wasserspeicher installiert. Diese sind an verschiedene Regenfallrohre angeschlossen. Das Speichervermögen beträgt insgesamt mehrere Kubikmeter Wasser. Mit diesem Wasser werden nicht nur die Pflanzen versorgt, sondern auch schon die erwähnten Pferde, Kühe, Schafe und Hunde, sowie die auf dem

Grundstück eingerichteten Tränkestellen für die heimischen Vögel.

Jeder Deutsche verbraucht pro Tag durchschnittlich 122 Liter Wasser. Nur die Hälfte davon muss Trinkwasserqualität besitzen – etwa zum Kochen und zur Körperpflege. Wer Regenwasser sammelt, spart dagegen pro Person circa 25.550 Liter Trinkwasser pro Jahr: täglich 42 Liter für die Toilettenspülung, 17 Liter zum Wäschewaschen, 11 Liter für Gartenbewässerung und Hausputz. In einem Vierpersonenhaushalt ist man da schon bei über 102.000 Litern jährlich. Dafür kann man gesammeltes Regenwasser verwenden

Gemüse- und Kartoffelwasser: Flüssigdünger pur

Meistens wird es nach dem Kochen achtlos in den Abfluß weggegossen: Gemüse- und Kartoffelwasser. Dieses Kochwasser gehört zu den am meisten unterschätzten Düngern. Das Gemüse und die Kartoffeln geben beim Kochen viele Nähr- und Mineralstoffe an das Kochwasser ab. Diese Nähr- und Mineralstoffe können sie auf einfache Art und Weise für Ihre Pflanzen nutzen. Einfach das Wasser abkühlen lassen und anschließend die Pflanzen damit gießen. Macht man dies regelmäßig, empfiehlt es sich, das Kochwasser mit Regenwasser zu verdünnen, um einer Überdüngung vorzubeugen. Zudem können sie so eine größere Fläche und eine größere Anzahl von Pflanzen düngen. Dieser Flüssigdünger passt aufgrund seiner Einfachheit wunderbar zum Balkongärtnern, für Indoor Gärtnern und beim Urban Gardening.

Zu den drei letztgenannten passt perfekt das alte Mineralwasser. Altes Mineralwasser ist ein organischer Dünger mit natürlichen Mineralien. Diese Mineralien sind lebensnotwendig für die Pflanzen und das alte Mineralwasser ein gutes Düngemittel. Zudem ist es als Düngemittel eingesetzt klimaneutral. Einfach die Pflanzen damit gießen und sich an der Pracht der Pflanzen erfreuen.

Bier: Ein Schluck für die Pflanzen

Ich selbst bin kein Biertrinker. Ich mag es einfach nicht. Ich stehe mehr auf Kaffee und bin da ein regelrechter Junkie geworden. Besonders nach Feiern und Partys fällt jede Menge abgestandenes Bier an. Nun kann man damit genau zwei Dinge tun: man kann es in den Abfluss kippen oder seine Pflanzen damit düngen. Ja, tatsächlich! Bier enthält Hopfen und Malz und damit natürliche Nährstoffe. In Maßen – maximal zweimal in der Woche – können sie Ihre Zimmerpflanzen damit düngen. Dafür wird das Bier mit Regenwasser verdünnt. Etwas ziehen lassen, et voila, fertig ist der vegane Dünger. Aufgrund des deutschen Reinheitsgebots sind deutsche Biere vegan, jedoch kann dies von importiertem Bier abweichen, das häufig mit Gelatine oder Honig geklärt wird.

Was viele nicht wissen: Bier stellt einen idealen Blattdünger und Schädlingsbekämpfer dar, der einfach auf die Pflanzenblätter aufgetragen werden kann. Am besten mit einem Pumpsprüher.

Achtung: Bier eignet sich hervorragend für Zimmerpflanzen. Doch wenn diese gedüngt werden, kann es sein, dass in den kommenden Stunden und Tagen Biergeruch in der Luft hängt. Ich weiß, dass das nicht jedermanns Sache ist.

Urin: Der einfachste und simpelste Dünger überhaupt

Der ein oder andere Leser mag den Gedanken Skurril finden, den eigenen Urin als Dünger für seine Beete zu verwenden und sich schütteln. Ich kann das ein Stück weit nachvollziehen. Dennoch ist Urin ein hocheffektiver Dünger und dazu absolut Klimaneutral. Er ist zu 100 % nachhaltig, kostenlos und wird permanent von jedem Menschen produziert.

Mathematiker haben errechnet: Der menschliche Urin weltweit würde ausreichen, um alle Felder und Beete dieser Erde ausreichend zu düngen. Es bedürfte keines weiteren mineralischen Düngers, Guano, Dolomitkalk und so weiter. Der menschliche Urin ist der Allrounder unter den Düngern. Leider hat er einen Nachteil, der die Verwendung in der Landwirtschaft so schwierig macht: Man kann ihn nur wenige Tage lang lagern. Er entwickelt sehr schnell Ammoniak, was zu einem scharfen Geruch einerseits führt und andererseits die Düngefähigkeit reduziert, für manche Pflanzen sogar giftig ist. Deswegen schreibe ich hier ausschließlich von frischem Urin.

Wer es ausprobieren möchte, dem kann ich es nur empfehlen. Aber es gibt dabei einen wichtigen Punkt zu beachten: Es sollte nur Urin von gesunden Menschen genutzt werden. Urin von Menschen, die Medikamente nehmen, sollten nicht verwendet werden zum Düngen. Vor allem dann, wenn es sich bei den Medikamenten um Antibiotika handelt.

Urin von Frauen, die die Antibabypille nutzen, sollten ebenfalls nicht verwendet werden. Auch wenn die Antibabypille selbst in bestimmten Konstellationen ein wunderbarer Dünger sein soll.

Mit Urin kann man alles in der Natur düngen. Wirklich alles. Bei den heimischen Beeten kommt es nur darauf an, mit welcher Intensität gedüngt wird. Gerade Schwachzehrer vertragen zu viel Urin als Dünger nicht. In diesen Fällen muss man das Urin verdünnen, am besten mit Regenwasser. Bei Schwachzehrern und Rasen habe ich gute Erfahrungen mit der Verdünnung von 1 : 10 gemacht. Bei Starkzehrern mit einer Verdünnung von 1 : 3. Das an anderer Stelle beschriebene Vogelfutterbeet sogar mit 1 : 2. Aber selbst mit einem Glas voll aufgefangen im Urin auf einer Gießkanne wird man schon gute Düngeleistungen erzielen.

Holzasche: Dünger aus dem Kamin

Ich habe einen Kamin in der Küche stehen. Damit wird die Küche und die daran angrenzenden Räume geheizt. Keine Überraschung ist, dass dieser Kamin als Endprodukt jede Menge Asche produziert. Haben sie ebenfalls einen Kamin im Haus? Einer ihrer Nachbarn heizt mit Holzbriketts oder Holzpellets? Sie oder ihre Nachbarn grillen gerne im Garten oder auf dem Balkon? Perfekt! Die Asche von verbranntem

Holz ist ein toller Bio-Dünger. Sie enthält sehr viele Mineralien, Kalium und Spurenelemente, die von Pflanzen sofort aufgenommen werden können. Einfach die Asche auf die Beete streuen und leicht in den Boden einarbeiten. Wenn man sehr dünn aufstreut, reicht ein Gießen danach, damit die Asche in den Boden einzieht. Rosen zum Beispiel lieben Holzasche.

Tragen sie einmal im Jahr, am besten im Frühjahr, eine feine dünne Schicht der Asche auf, um ein Überdüngen zu verhindern. Ein halber Liter Asche reicht für ein Quadratmeter/Jahr.

Fein und dünn aufgestreut ist Asche ein gutes Wurmfutter. Es wird schnell von den Regenwürmern aufgenommen. Asche hilft bei saurem Boden den Lebensraum der Regenwürmer perfekter zu gestalten.

Reine Asche lässt sich auch sehr gut auf den Kompost entsorgen und somit zu Dünger verwandeln. Bei der Asche muss man nur aufpassen, dass dort keine Fremdstoffe drin sind, wie z.b. Drähte, Nägel, Schrauben, oder Ähnliches. Dieser habe auf dem Kompost im nichts zu suchen, erst recht nicht in der Wurmkiste..

Kaffee: Dünger mit Zusatzfunktion

Jeden Tag werden in Deutschland Millionen von Tassen mit Kaffee getrunken. Und ich helfe Tag für Tag mit. Wie mein Bruder, von Beruf Bäcker, bin ich eine Kaffeetante. Jede einzelne Tasse Kaffee hinterlässt einen Kaffeesatz. Dieser Kaffeesatz lässt sich wunderbar direkt als Dünger einsetzen. Er muss vorher nicht kompostiert werden. Auch eine andere Behandlung ist nicht notwendig. Nicht mal getrocknet werden muss er, das wäre von Nachteil. Er kann direkt aus dem Kaffeefilter oder dem Satzbehälter verwendet werden.

Falls sie ebenfalls ein leidenschaftlicher Kaffeetrinker sind, oder bei ihnen am Arbeitsplatz Kaffee getrunken wird, habe ich eine gute Nachricht: Aus Kaffeesatz lässt sich wunderbar ohne Kompostierung oder Gärung Dünger herstellen. Den schwarzen Kaffeesatz, der reich an Kalium, Phosphor und Stickstoff ist, am besten feucht in die Erde einarbeiten. Ansonsten trocknet er an der Oberfläche aus, wird hart und lässt kaum Wasser ins Erdreich.
Nicht nur als Dünger ist er gut zu gebrauchen, er wirkt auch abschreckend für Schnecken.

Regenwürmer lieben den Kaffeesatz.

Der Kaffeesatz gehört zu den Lieblingsgerichten der Regenwürmer. Den fein gemahlenen Kaffee können sie einfach aufnehmen und in ihrem Verdauungstrakt zu wertvollem Humus zersetzen.

Achtung: Kaffee hat eine säuernde Wirkung

Kaffee hat übrigens eine leicht säuernde Wirkung und eignet sich besonders für Moorbeet-Pflanzen. Auch Gemüsesorten wie Zucchini oder Gurke hilft der Biodünger zum Selbermachen beim Wachstum. Frühlingsblüher wie Krokusse, Narzissen oder Tulpen bevorzugen zudem einen kalkhaltigen Boden. Viele Gemüsesorten, etwa Kohl oder Zwiebeln, reagieren empfindlich auf sauren Boden. Setzlinge vertragen das Koffein grundsätzlich nicht gut.

Regenwürmer mögen auch keinen sauren Boden.. PH 7 bis 8 ist für sie optimal. Je weiter es unter dem pH-Wert von 7 geht, umso schneller packen die Regenwürmer ihre sieben Sachen und nehmen Reißaus. Deswegen muss man mit der Menge an Kaffeesatz aufpassen, die man auf den Boden gibt. Mischt man unter den Kaffeesatz etwas Holzasche, so neutralisiert sie die säuernde Wirkung des Kaffeesatzes. Als eine gute Mischung hat sich erwiesen: Ein Teelöffel Holzasche auf einen Kaffeefilter voll Kaffeesatz.

Bei größeren Mengen kann der Kaffeesatz völlig problemlos auf dem Kompost entsorgt werden. Ein toller Dünger, der nicht in den Hausmüll gehört und für den Biomüll zu schade ist.

Welche Pflanzen mögen Kaffeesatz?

Kaffeesatz eignet sich besonders zum Düngen von Pflanzen, die einen sauren Gartenboden benötigen. Hortensien, Rhododendren und Kamelien mögen einen solchen Boden bei den Zierpflanzen, bei den Nutzpflanzen sind es: Gurke, Tomate, Zucchini, Heidelbeeren und Erdbeeren.

Der Kaffee und der Abfluß

Was man mit Kaffeesatz keinesfalls tun sollte: Ihn über den Abfluss entsorgen. Denn das Kaffeepulver verbindet sich mit den Fetten, die sich in den Abwasserrohren ablagern. Und dann ist die Verstopfung nicht weit. Es ist übrigens keine gute Idee, im Falle einer solchen Verstopfung Regenwürmer einzusetzen, mit dem Gedanken, dass diese den Kaffeesatz auffressen und so die Verstopfung lösen. Das funktioniert leider nicht.

Und wenn Kaffeekapseln genutzt werden?

Kaffeekapseln sind sehr beliebt. Sind auch sehr praktisch, das muss ich zugeben. Über die Menge an Abfall brauche ich sicherlich nicht mehr schreiben. Was aber jeder machen kann, der Kaffeekapseln nutzt: Die Alufolie abziehen und den Kaffee herausnehmen. Dieser kann wie beschrieben wunderbar in den verschiedenen Beeten verwendet werden.

Kaffeesatz als Flüssigdünger

Sie können aus dem Kaffeesatz auch Flüssigdünger herstellen. Dazu den Kaffeesatz mit Wasser vermischen und alle zwei Wochen dem Gießwasser für die Pflanzen hinzufügen. Dies ist besonders für Zimmer und Balkonpflanzen eine interessante Variante.

Und was ist mit Tee?

Meine Lebensgefährtin trinkt gerne Tee. Und wenn ich mit Kaffeesatz etwas im Garten anfangen kann, dann muss es doch auch mit Tee eine Möglichkeit geben. Recht schnell fand ich heraus, dass man den Tee im Garten nicht nur als Dünger verwenden kann, sondern seine Wirkung Schädlinge vertreibt.

Nach und nach konnte ich sogar feststellen, dass die unterschiedlichen Sorten auch unterschiedliche Wirkungen an den Pflanzen erzielen. Genau so, als wären sie nicht zuvor als Tee genutzt worden. Brennesseltee wirkt ebenso gut gegen Schädlinge, wie Kamillentee gegen Schimmelbefall hilft. Sehr effektiv hat sich für die Schädlingsbekämpfung ein Pumpsprüher erwiesen. Mit diesem kann man die betroffenen Stellen einsprühen oder auch allgemein das Blattwerk der gesamten Pflanze einnebeln.

Die Anwendung hierfür ist simpel: einfach den genutzten Teesatz aus dem Teebeutel nehmen und den Pflanzen über den Boden zukommen lassen. Das funktioniert sogar wunderbar mit Zimmerpflanzen.

Sowie der Teesatz an sich zum Dünger wird, kann man auch Tee als Flüssigdünger einsetzen. Die gebrauchten Teebeutel ins Gießwasser geben, 10 bis 15 Minuten wirken lassen und dann die Zimmer oder Balkonpflanzen gießen. Die Pflanzen wird es freuen. Den Geldbeutel ebenso. Das Klima sowieso.

Um die Teebeutel zu lagern, müssen sie getrocknet werden. Sie beginnen sonst zu schimmeln und werden unbrauchbar. Die einfachste Art und Weise, Teebeutel zu trocknen: Nimm eine Wäscheklammer und hänge mit der Wäscheklammer den Teebeutel an die frische Luft. Das kann an einer Wäscheleine oder Ähnlichem sein. Hier trocknet der Teebeutel gut durch und kann dann eingesetzt werden, wenn Bedarf besteht.

Wildkräuter zu Dünger

Die Unverwüstlichkeit vieler Wildkräuter ist für Gärtner oft ein Ärgernis. Dabei lassen sich viele dieser Pflanzen nutzen, um nährstoffreiche Jauchen daraus herzustellen. Aus den folgenden Pflanzen entsteht mit wenig Aufwand und etwas Wartezeit eine hochkonzentrierte, pflanzenstärkende Jauche.

Hier eine Auswahl:
- Giersch (sehr hoher Kaliumanteil)
- Ringelblumen (effektiv gegen Schädlinge)
- Kamille (effektiv gegen Schädlinge)
- Ackerschachtelhalm (Stärkt die Pflanzen)
- Beinwell (Besonders für Starkzehrer geeignet)
- Löwenzahn (Kräftigt die Pflanzen)
- Rhabarberblätter.(unbedingt zerkleinern vor dem Gärvorgang)
- Schafgarbe (schützt vor Pilzen und saugenden Schädlingen)

Beim Säubern der Beete kann man aus den verschiedenen Kräutern auch einfach eine Mischung ansetzen. Das ergibt einen wunderbaren Cocktail namens Universaldünger.

Die Vorgehensweise der Verarbeitung der Wildkräuter zu einer nährstoffreichen Jauche ist immer die gleiche. Ich habe sie im nächsten Kapitel einmal für die Brennesseljauche beschrieben. Sie kann exakt für die genannten Wildkräuter übernommen werden.

Achte bei allen verwendeten Kräutern darauf, dass keine Samen in die Jauche geraten. Dies würde nur zu einer unerwünschten Verbreitung der Wildkräuter führen.

Brennesselsud und Brennesseljauche

Wenn etwas auf unserem Grundstück völlig ohne Dünger perfekt in großer Anzahl wächst, dann sind es Brennesseln. Aber was kann man mit diesen Brennesseln anstellen? Vor allen Dingen in dieser Masse? Tee? Nein, so viel Tee können wir nicht trinken. Also was damit machen? Ich erinnerte mich an eine Vermieterin von mir vor über 30 Jahren. Ihr Garten war ihr ein und alles. Entsprechend war er gepflegt, sauber, dekoriert und jedes Pflänzchen da, wo es hin gehörte, und kein Pflänzchen da, wo es nicht sprießen durfte. Der Rasen war ebenso grün wie ökologisch tot. Die Bäume waren symmetrisch synchron geschnitten. Und sie schwor auf Brennesseljauche. Ich hatte noch nie zuvor davon gehört, und es war der erste Kontakt zu diesem wunderbaren Allzweck-Dünger.

Brennnesseln findet man praktisch überall.Im eigenen Garten, oder im Garten in der Nachbarschaft. An den Rändern von Wegen oder Weiden. Man muss sie nur pflücken, dies sollte man mit einem Handschuh tun. Andererseits berichten mir ältere Menschen immer wieder, wie gut die Säure in den Brennnesseln Ihnen bei Rheuma und Arthrose hilft.

Was ist der Unterschied zwischen Brennnesselsud und Brennnesseljauche?

Grundsätzlich handelt es sich bei beiden um einen Sud. Lediglich die Zeit des Gärvorganges ist unterschiedlich. Brennnesselsud ist innerhalb von 24 bis 36 Stunden einsatzbereit und kann gegen Blattläuse und Ähnliches eingesetzt werden. Lassen sie den Sud einen Tag lang stehen, damit das Nesselgift seine Wirksamkeit entfalten kann, aber nicht wie bei der Jauche Stickstoff und Kieselsäure.

Brennnesselsud riecht nicht. Dazu ist der Gärvorgang zu kurz. Die Geruchsstoffe benötigen einen längeren Gärvorgang, um sich zu entfalten. Die Sud 20 : 1 verdünnen, bevor sie zur Schädlingsbekämpfung an die Blätter gelangt.

Brennnesseljauche gärt hingegen viel länger. Unter optimalen Bedingungen ca. drei Wochen, je nach Wetterlage kann es bis zu vier Wochen oder mehr sein. Man erkennt den fertigen Gärvorgang daran, dass es keine Schaumbildung an der Oberfläche mehr gibt. Durch den längeren Gärvorgang riecht, nein, stinkt die Brennnesseljauche. Lassen sie die Jauche daher besser abseits von Terrassen und Nachbarn gären. Ein Verschließen des Gärbehälters ist ratsam, aber zum

Durchrühren müssen sie ihn dennoch öffnen. Die Jauche wird 10 : 1 verdünnt, wenn sie zur Anwendung kommt.

Beide Varianten benötigen als Grundlage frische Brennessel. Optimalerweise noch ohne Blüten und Samen, dann ist die Wirkung auf unsere Pflanzen am besten. Bei Brennesseln mit Samen besteht die Möglichkeit, die Brennesseln ungewollt in den Beeten zu verbreiten.

Für 10 Liter Brennesselsud oder Jauche wird ein Kilogramm frische Brennesseln benötigt. Die frischen Brennesseln sollten klein geschnitten oder klein gehackt werden. Dadurch lässt sich eine bessere Intensität und Wirkung erzielen.

Was wird gebraucht:
- Handschuhe
- Eimer, Kanister oder Gießkanne - am besten mit Deckel
- Stab oder Ast zum Umrühren
- Sieb

Die klein gehackten Brennessel werden einfach dem Regenwasser zugefügt und umgerührt. Möglichst mehrmals am Tag.

Man kann den Herstellungsprozess optimieren, wenn man den Behälter in der Sonne platziert. Andererseits muss man beim Standort beachten, dass der Gärvorgang einen beißenden Geruch entwickelt. Man sollte dies in Zusammenhang mit Sitzecken oder Nachbarn nicht unterschätzen.

Für die Herstellung von Brennesseljauche gibt es die Variante, getrocknete Brennesseln zu benutzen. In diesem Fall benötigt man ca 200 g getrocknete Brennesseln für 10 Liter Brennesseljauche. Ich selber habe mit der Variante der getrockneten Brennesseln nicht so gute Erfahrungen gemacht. Aber eine Düngewirkung war dennoch nicht von der Hand zu weisen.

Die Variante mit den getrockneten Brennesseln macht dann Sinn, wenn man später im Jahr Brennesselsud benötigt und nachproduzieren muss.

Wenn ich für meine Wurmstube Brennesseljauche herstelle, dann nutze ich 300 Liter Fässer. In diese Fässer kommen 25 kg frische, klein gehackte Brennesseln und 250 l Regenwasser. Den Inhalt rühre ich morgens und abends um. Je weiter der Gärvorgang bereits fortgeschritten ist, desto mehr drehe ich meinen Kopf beim Umrühren zur Seite wegen des Geruchs. Wenn der Gärvorgang nach drei bis vier Wochen abgeschlossen ist, wird der Inhalt gesiebt und nach Bedarf in kleine Gebinde umgefüllt für den Verkauf.

Die Brennesseln für die Produktion sammle ich von unserem Grundstück. In verschiedenen Ecken wachsen genug davon und wir lassen sie aufwachsen, denn Brennesseln dienen im großen Maße dem Insekten- und Artenschutz. So lasse ich immer die Hälfte der Brennesseln als Bestandsschutz stehen. Dies wiederum zieht nach sich, dass ich weniger Brennesseljauche produzieren kann, als es möglich wäre. Aber dieser Bestandsschutz für die Insekten ist mir wichtiger und wenn ich mit meiner Brennesseljauche ausverkauft bin, dann bin ich eben ausverkauft. Nächstes Jahr gibt es wieder etwas.

Pferdejauche: Der flüssige Pferdedung

Auch aus Pferdemist kann man einen Sud herstellen, über den sich besonders Rosen freuen. Die Vorgehensweise zur Herstellung ist die Gleiche wie beim Brennnesselsud. 1 kg frischer Pferdemist auf 1 Liter Regenwasser. Täglich umrühren, nach 3 - 4 Wochen ist die Pferdejauche fertig.

Wer möchte, kann in der Zeit mit einer Aquariumpumpe die Pferde Jauche mit Sauerstoff anreichern. Dies führt zu einem intensiveren Gärvorgang und somit zu einer besseren Düngeleistung.

Die Pferdejauche vor dem Düngen unbedingt verdünnen. Bei den schon erwähnten Rosen 1 zu 20. Bei Starkzehrern 1 zu 10. Bei dem schon erwähnten Vogelfutterbeet verwende ich sogar 1 zu 5.

Zwiebelschalen: der tränenreiche Dünger

Zwiebeln sind ein beliebtes Gewürz. Wie viele Haushalte verwende ich für das Kochen gerne Zwiebeln. Das ist immer ein tränenreicher Moment für mich. Dabei fallen viele Zwiebelschalen an. In der Regel werden sie achtlos im Restmüll oder Biomüll entsorgt. Doch es lohnt sich, den Zwiebelschalen ein klein wenig mehr Beachtung zu schenken. Vor allem, wenn man ein Kleingärtner ist.

Zwiebelschalen enthalten Kalium, Magnesium und Calcium. 100g Zwiebelschalen ganz einfach mit einem Liter Regenwasser vermischen und diese Mischung eine Woche an einem sonnigen Platz gut verschlossen stehen lassen. Das ist alles, schon ist ein wunderbarer, natürlicher Dünger entstanden, der absolut klimaneutral hergestellt wurde. Man kann diesen Dünger an praktisch alle Pflanzen und alle Böden verteilen. Gute Erfahrungen habe ich mit der Verdünnung bei Starkzehrern von 1 : 5 gemacht, bei Schwachzehrern von 1 : 15.

Sie können die Schalen auch mit Laub und Stroh durchmischen. So enthalten sie einen hochwertigen Dünger, der alle Nährstoffe für Pflanzen enthält.

Zwiebelschalen stehen bei Regenwürmern übrigens eher auf der unteren Skala der Lieblingsfuttermittel.

Rasenschnitt: Die unterschätzte Art zu düngen

Derjenige, der Wert auf eine gepflegte Rasenfläche legt, der hat von einem das ja über genug: den Rasenschnitt. Ich verwende den Rasenschnitt gerne als Futter für die Schafe und Hühner. Doch eignet er sich ebenso gut als Dünger.

Der Rasenschnitt eignet sich auf vielerlei Art und Weise zum Düngen im Garten. Man kann ihn auf einfache Art und Weise zum Mulchen einsetzen, welches Unkräuter unterdrückt und den Gießaufwand reduziert. Vor allem schützt der

Rasenschnitt den Boden vor der Sonne und damit vor dem Austrocknen. So eingesetzt, zieht der Rasenschnitt sogar Regenwürmer an. Sie fühlen sich unter der Mulchschicht sichtlich wohl, und wenn ihnen zu warm wird, können sie einfach im Boden abtauchen.

In der Wurmkiste oder auf dem Kompost kann Rasenschnitt verwendet werden. Aber bitte nur in dünnen Schichten, da der Rasenschnitt sehr hohe Temperaturen bei der Rotte erreicht, und in der Wurmkiste haben die Würmer keine Chance, diesen hohen Temperaturen zu entkommen. Trägt man den Rasenschnitt auf dem Kompost zu dick auf, verlassen die Würmer den Kompost.

Laub: reichlich, viel, effektiv, kostenlos

Laub ist im Herbst in rauen Mengen vorhanden. Wenn nicht im eigenen Garten, so findet sich bestimmt jemand in der Nachbarschaft, der froh ist, wenn man das Laub abnimmt. Laub ist zudem ein wunderbarer Dünger, den man im Herbst einfach auf die Beete aufbringen kann. Wie beim Mulchen, einfach gleichmäßig um die Pflanzen und Bäume verteilen. Es gibt dabei nichts weiter zu beachten, eine Überdüngung ist nicht möglich. Und sollte doch zu viel Laub im Herbst auf das Beet gekommen sein, so kann man es im Frühjahr einfach vom Boden mit einer Harke entfernen. Unter dieser dünnen Laubschicht fühlen sich Regenwürmer pudelwohl. Es bietet für einige Gartenbewohner ein perfektes Winterquartier, und andere Gartenbewohner finden unter dem Laub ihre Nahrung für den Winter.

Man kann das Laub als Abdeckung einfach auf die Beete streuen oder auch mit einer Harke das Laub etwas in den Boden einarbeiten.

Es sind alle Arten von Laub geeignet. Die einzelnen Laubarten unterscheiden sich nur durch ihre unterschiedliche Verrottungszeit. Das ist auch der Grund, warum man von Eichenlaub Abstand halten sollte, denn bei diesem Laub kann es schon mal drei Jahre dauern, bis er sich zersetzt und seine Nährstoffe als Dünger an dem Boden freigibt.

Wer eine Wurmkiste nutzt und sich die Mühe machen möchte, der kann das Laub zerkleinern, am besten mit dem bereits erwähnten Küchenhäcksler, und den Würmern als Futter zuführen.

Für die Düngung sowie für die Nutzung als Wurmfutter habe ich die besten Erfahrungen mit Birkenlaub gemacht. Er zersetzte sich im Boden am schnellsten. Verschiedene Tests als Wurmfutter bei den Würmern haben gezeigt, dass sie bei der Auswahl verschiedener Laubsorten das Birkenlaub immer bevorzugten.

Auf dem Kompost macht sich das Laub ebenso gut. Man braucht nichts weiter beachten, sondern einfach nur abwarten. Anschließend hat man für das nächste Jahr einen schönen Dünger.

Eierschalen

Eierschalen kann man das ganze Jahr über sammeln, trocknen und auf einfache Art und Weise lange aufbewahren, bis man sie braucht. Hühnerhalter verfüttern gerne Eierschalen, damit die Hühner genug Calcium zur Produktion eben dieser Eierschalen in ihrem Körper haben. Gärtner nutzen die Eierschalen, weil sie viel Kalk enthalten und den pH-Wert des Bodens erhöhen können. Dies ist z.B. interessant im Zusammenhang mit dem Einsatz von Kaffeesatz als Dünger. Oder auch in Wurmkisten. Die Eierschalen als Dünger eignen sich nicht für Pflanzen, die sauren Boden benötigen, wie z.b. Moorbeetpflanzen.

Eierschalen als Dünger zu nutzen ist ganz einfach und selbst auf einem noch so kleinen Balkon möglich: Zerkleinern sie die Eierschalen. Als Faustregel gilt: Für 1 Liter Wasser = 3 - 4 Eierschalen. Geben sie die Eierschalen anschließend in das Wasser und lassen das Gemisch für eine Woche stehen. Dadurch werden die Nährstoffe besser aufgenommen. Anschließend können sie Ihre Pflanzen mit dem Dünger gießen. Diese Pflanzen mögen den Eierschalen-Dünger besonders gerne:

- Bohnen,
- Erbsen,
- Mangold,
- Möhren,
- Rote Bete,
- Schwarzwurzel,
- Zwiebeln,
- Schnittlauch
- viele Kräuter

Nüsse: Nicht nur zur Adventszeit ein einfacher Dünger

Knack! Wieder hat der Nussknacker eine Nuss geöffnet. Der leckere Inhalt ist schnell verzehrt. Und die Schalen? Besonders in der Adventszeit fallen große Mengen an Nussschalen in deutschen Wohnstuben an. Diese Nussschalen ergeben einen guten Langzeitdünger. In den Nussschalen sind Natrium, Phosphor und Kalium enthalten. Also die Grundmineralstoffe für alle Pflanzen.

Man kann sie ganz einfach sammeln und wenn man sie kauft, sind sie auch schon getrocknet. Die Schalen bei der Lagerung unbedingt trocken halten, sonst schimmeln sie und verderben.

Die Nussschalen in einen biologischen Langzeitdünger zu verwandeln geht schnell und einfach: Die trockenen Nussschalen in einem Küchenhäcksler zerkleinern. Anschließend kann man sie ganz bequem in den Boden einarbeiten. Ideal für Zimmerpflanzen in den Blumentöpfen. Dosierung: 1 Teelöffel pro Zimmerpflanze. Draußen, im Garten, gibt es kein zuviel bei der Düngung.

Algen: Der Mineralcocktail aus dem Meer

Als Jugendlicher war ich der Aquaristik verfallen. Heute ist das Aquarium etwas größer geworden, zu einem 300 Quadratmeter großen Teich hier auf dem Grundstück.

Dieser Teich dient mir und den Hunden als eine Art Badeanstalt. Vor allem in einem heißen Sommer wird der Teich von uns allen gerne zur Abkühlung genutzt. Das Wasser ist immer erfrischend kühl und aufgrund des Tonbodens nährstoffreich. Hier gedeihen wunderbar Algen und Pflanzen. Aufgrund der Algenbildung dient der Teich ebenso als Düngerproduzent.

Wer einen Teich oder ein Aquarium hat, kann die Algen als Dünger nutzen. Dies funktioniert quasi wie Gründünger: Getrocknete Algen werden zerkleinert, frische Algen werden klein geschnitten und in das Erdreich eingearbeitet. Die Kleinstlebewesen im Boden erledigen den Rest.

Die Algen wirken vielfältig und können für die gesamte Flora in Haus und Garten verwendet werden: Er regt die photosynthetischen Prozesse der Pflanze, Zellteilung, Proteinproduktion und das Bodenleben an, verbessern die Bodenstruktur und fördern Humusbildung, Keimung und Wurzelwachstum. Zudem enthalten sie alle wichtigen Mineralien und Spurenelemente. Alle Pflanzen danken die Düngung mit Algen.

Backhefe: Schnell einsetzbarer Dünger

Sie haben sich vor einiger Zeit mal vorgenommen, wieder selber ein Brot zu backen, oder einen Kuchen? Dazu haben sie natürlich Backhefe gekauft. Nun ist aber der Zeitpunkt gekommen, an dem die Backhefe droht abzulaufen. Einfach wegschmeißen? Nein, denn aus Hefe können sie wunderbaren Dünger herstellen.

Ähnlich wie Algen enthält Hefe als Dünger jede Menge Mineralien und Spurenelemente. Das Besondere an ihm: Er ist einfach und vor allem sehr schnell einsatzbereit. Nehmen sie 1 Würfel frische Hefe und lösen sie den Würfel in zehn Liter Regenwasser auf. Nun einfach eine Stunde warten und schon kann dieser Hefedünger in die Beete oder an die Zimmer- und Balkonpflanzen gegossen werden.

Vogelfutterbeet: eine Herzensangelegenheit

Es ist richtig, ein Vogelfutterbeet ist kein Dünger, bestenfalls ein Gründünger, doch ist es mir eine Herzensangelegenheit einmal unser Vogelfutterbeet vorzustellen.

Dazu habe ich eine ausgediente Badewanne zu einem Hochbeet umfunktioniert. Unten habe ich sie mit ein paar ausrangierten Pflastersteinen gegen Umkippen gesichert und den Abfluss der Badewanne mit einem kleinen Sieb überzogen. Als nächsten Schritt habe ich Wurmhumus mit Mutterboden gemischt in die Badewanne eingefüllt. Nur noch etwas Vogelfutter aufgestreut, mit der Hand leicht eingearbeitet, damit es nicht zu einem Drive-In für Vögel wird, und schon war die meiste Arbeit vollbracht, denn der Pflegeaufwand ist minimal.

Das Vogelfutterbeet

Da die meisten Pflanzen Starkzehrer sind, dünge ich das gesamte Beet, wie bei Starkzehrer üblich. Die Pflanzen, die keine Starkzehrer sind, mussten da halt durch. Und das gelang ihnen recht gut.

Im Vogelfutter befinden sich Samen verschiedenster Pflanzen, die einerseits schön blühen, andererseits Nahrungsgrundlage für Insekten darstellen. Zudem siedeln sich dort Blattläuse und Schmetterlingsraupen an. Für diese beiden dienen Pflanzen in dem Vogelfutterbeet ebenfalls als Nahrungsgrundlage. Über die Blattläuse freuen sich die Ameisen. Diese sind ebenso wichtig wie die Bienen. Einige solitärlebende Bienen freuen sich über die Blattläuse, denn ihre Ausscheidungen sind die Nahrungsgrundlage dieser Insekten. Die Schmetterlingsraupen fressen die Blätter der Pflanzen, um später zu Schmetterlingen zu werden. Später im Jahr, wenn die

Pflanzen alle Samen gebildet haben, kommt die Zeit der Vögel, denn diese bedienen sich an dem Samen des Vogelfutterbeetes. Einen Teil der Samen sammle ich ein, um im nächsten Jahr die Badewanne wieder zu einem beliebten Treffpunkt der heimischen Insekten und Vogelwelt aufzubauen.

Mittlerweile ist es so, dass ich eine Population Regenwürmer in der Badewanne angesiedelt habe. Diese füttere ich das ganze Jahr über, und so sorgen die Regenwürmer für genügend Dünger in Form von Wurmhumus, um all die vielen Pflanzen in den Vogelfutterbeet zu versorgen..

Wer seinen Garten, seinen Balkon, seine Terrasse oder wo immer man Blumen, Pflanzen und Beete aufbauen kann, liebt, ihn als ausgleichendes Hobby und als Bestandteil eines gesamten ökonomischen Refugiums sieht, der wird aus vielerlei Gründen die benötigten Dünger selbst herstellen. Sie sind kostenlos, ökologisch, man weiß was drin ist, sie sind klimaneutral und vor allem: es macht Spaß und es gibt einem ein gutes Gefühl.

Ob Kompost, Kaffeesatz, Tierhaare oder Mineralwasser - bei allen Düngemitteln sollten sie stets auf die Dosierung achten. Es braucht zwar bis zu einer Überdüngung, aber manchmal ist weniger mehr.

Generell gilt: Wechseln sie die natürlichen Düngemittel regelmäßig und achten sie bei jeder einzelnen Pflanze auf die individuellen Nährstoffbedürfnisse. Dann klappt es mit der Blumenpracht.

Mehrhundehaltung - ganz einfach!
ISBN: 978-3-756-83283-5

So kannst du deinen Hund überallhin mitnehmen.
ISBN: 978-3-752-61210-3